शादी बंदर मामा की

(बाल कविता संकलन)

निशान्त जैन

प्र प्रभात प्रकाशन प्रा. लि.

प्रकाशक • **प्रभात प्रकाशन**
4/19 आसफ अली रोड,
नई दिल्ली-110002

संस्करण • 2025
मूल्य • दो सौ रुपए
मुद्रक • आर-टेक ऑफसेट प्रिंटर्स, दिल्ली

SHADI BANDAR MAMA KI (Poems for Children)
by Nishant Jain ₹200.00
Published by PRABHAT PRAKASHAN PVT. LTD., 4/19 Asaf Ali Road, New Delhi-2
e-mail: prabhatbooks@gmail.com ISBN 978-93-5266-735-2

समर्पण
'बच्चों के छोटे हाथों को चाँद सितारे छूने दो
चार किताबें पढ़कर वो भी हम जैसे हो जाएँगे।'
—निदा फाजली
प्यारे **आगम** की मुस्कान और
नन्हीं **अक्षरा** की अठखेलियों
को समर्पित

सम्मति

निशान्त जैन की बाल-कविताओं का यह संग्रह कई दृष्टियों से आकर्षित करता है और सम्मोहित भी। उनकी दूसरी ही कविता 'शादी बंदर मामा की' अपने आप में बच्चों को आकर्षित करती है तथा बंदर मामा की शादी के प्रति उत्सुकता जगाती है। इसी तरह 'रक्षा बंधन का त्योहार', 'होली का त्योहार', 'अपना रिक्शेवाला', 'धन्य-धन्य हे दो अक्तूबर' आदि रचनाएँ अपने शीर्षकों से ही बाल पाठकों के मन में ज्ञान-गरिमा का विस्तार करते हुए उनमें पठन-पाठन की रुचि जगाती हैं।

निशान्त जैन भारतीय प्रशासनिक सेवा के अधिकारी हैं। उन्होंने इस पुस्तक के अलावा अनेक कविताएँ और लिखी हैं। इन रचनाओं को पढ़कर लगता है कि रचनाकार में बालमन को समझने की रुचि व क्षमता दोनों हैं तथा बाल पाठकों के प्रति ममता भी है। मेरा अनुरोध है कि वे छंदयुक्त कविताएँ लिखते समय छंदों की अनुकूलता पर अवश्य ध्यान दें, इससे उनकी रचनाओं में अधिक निखार आ जाएगा।

निशान्त जैन अपने इस प्रयास में और अधिक सफल हों, यह मेरी कामना है। इतनी सरल-सटीक यादगार रचनाएँ और लिखें, यही मेरी शुभकामना है।

—**डॉ. शेरजंग गर्ग**, वरिष्ठ बाल साहित्यकार

सम्मति

इस संकलन के साथ निशान्त जैन अपनी 31 कविताओं को लेकर हिंदी बाल–साहित्य जगत् में प्रवेश कर रहे हैं। प्रवेश यदि सशक्त संभावनाओं से सजा हो तो यह खुशी की भी बात है और स्वागत की भी। और मुझे ऐसा ही लग रहा है। इनकी बाल–कविताएँ महत्त्वपूर्ण पत्र–पत्रिकाओं में यदा–कदा प्रकाशित होती रही हैं। कुछ समय पहले निशान्त जैन से अलवर में नेशनल बुक ट्रस्ट के एक कार्यक्रम में पहली बार भेंट हुई थी। बहुत ही कर्मठ, दूरदर्शी और संवेदनशील लगे थे।

ये कविताएँ निःसंदेह बाल साहित्य के नए सौंदर्य शास्त्र की राह पर हैं। नई वैज्ञानिक सोच से युक्त सृजनात्मकता से लबालब भरी। मजे, साहस, उम्मीद, रिश्तों और संबंधों की आत्मीयता, त्योहारों की आत्मा, ऋतुओं का नटखटी वैभव, कीटों और जानवरों की रंग–बिरंगी दुनिया, पुस्तकों की दोस्ती, महापुरुषों के व्यक्तित्व की खुशबू आदि बहुत कुछ टपटप टपकता चलता है इन कविताओं को पढ़ते हुए—हमें दोस्ताना समझ के प्यार से भिगोता हुआ।

जंगल में क्रिकेट, चंदा मामा, फूलों का राजा, माँ, अपना रिक्शे वाला, अजब–अनोखी दुनिया, मेरा नया दोस्त फेसबुक, ई–मेल, मोबाइल का कमाल, शान देश की मेट्रो रेल, सर्दी दीदी फिर न आना, गरमी की सौगात, पहली बरसात, कैसे वे रुक पाएँ, किताबें आदि कितनी ही कविताओं से सजा यह संकलन बच्चों और बड़ों को न केवल भाएगा बल्कि अपनाएगा, मुझे पूरा विश्वास है।

—**प्रो. दिविक रमेश**, वरिष्ठ बाल साहित्यकार

अपनी बात

प्यारे बच्चो !

हर किसी के भीतर एक मासूम सा दिल होता है। बचपन, अल्हड़पन, मासूमियत और मस्ती ! दिल से बच्चा होने की ये सब निशानियाँ हैं। बच्चों के मासूम सवाल, उत्साह, उमंग और कौतूहल बचपन की पहचान हैं।

यह किताब बचपन की इन्हीं जिज्ञासाओं और सृजनात्मकता का परिणाम है। मैंने अपनी पहली बाल कविता अपने बचपन में लिखी थी, जब मैं आठवीं कक्षा में था। तब से लेकर एक दशक; यानी अपने बचपन से किशोर होते हुए युवा होने तक यह सिलसिला जारी रहा। ये बाल कविताएँ कभी पुरानी नहीं पड़तीं। इन्हें पढ़ना, सुनना और सुनाना आज भी अच्छा लगता है।

मेरे इस प्रथम बाल कविता संकलन में कुल 31 बाल कविताएँ संकलित हैं। इनमें से अनेक कविताएँ 2002 से 2015 तक विभिन्न प्रमुख पत्र-पत्रिकाओं में प्रकाशित हुई थीं।

मेरा मन था कि ये 31 बाल कविताएँ बच्चों के लिए एक किताब के रूप में सामने आएँ। प्रभात प्रकाशन ने इन्हें टंकित व सज्जित कराकर जिस आकर्षक ढंग से तैयार किया है, उसके लिए वे बधाई के पात्र हैं। समय-समय पर मेरी बाल-कविताओं के प्रकाशन के लिए प्रतिष्ठित पत्र-पत्रिकाओं—नंदन, बाल-भारती, बालहंस, अमर उजाला, नवभारत टाइम्स, दैनिक ट्रिब्यून, पंजाब केसरी, दैनिक जनवाणी का भी दिल से शुक्रिया !

—**निशान्त जैन**

मेरठ । सोमवार । 14 मई 2012

अमर उजाला

आपके पहले रिश्ते, पहली गुरू, प्रेरणा और दोस्त होने के लिए

HAPPY MOTHER'S DAY

एक पैगाम माँ के नाम

भावों की तू अजब पिटारी,
अरमानों का तू सागर,
नाजुक से अहसासों की,
एक नर्म मुलायम सी चादर।
खट्टी-मीठी फटकारें और कभी
पलटकर वही दुलार,
जीवन का हर पल तुझमें माँ, तुझसे है सारा संसार।
जिसकी खातिर सब कुछ वारा, अपनी खुशियाँ जानी ना,
वक्त कहाँ उस पर अब माँ, तेरे दुःख-दर्द चुराने का।
उम्मीदों को पंख लगाने, बड़े शहर को निकला जब,
छुपी रूलाई देखी तेरी, प्यार का तब समझा मतलब।
मिट्टी की तू सोंधी खुशबू, सम्बन्धों की नर्म नमी,
नए शहर में हर मुकाम पर, बस तेरी ही खली कमी।
हैरत है हर चेहरे पर थे, कई मुखौटे और नकाब,
तुझसा भी क्या कोई होगा, चलती-फिरती खुली किताब।
रिश्तों की गर्माहट तुझसे, तुझसे प्यार भरा अहसास,
ले भरपूर दुआएं अपनी, हरदम थी तू मेरे पास।
किसने कहा फरिश्तों के जग में दीदार नहीं होते,
माँ की गोद में एक झपकी, सपने साकार सभी होते।

निशान्त जैन

बाल भारती

वार्षिक मूल्य : 70 रुपये

फरवरी 2007 1948 से बच्चों की संपूर्ण पत्रिका पृष्ठ 52 मूल्य : 7 रुपये

कैसे वे रुक पाएं?

— निशान्त जैन 'निश्चल'

समय-समय पर साहसियों ने,
तोड़े हैं दस्तूर,
जाने कैसे भरे हुए थे,
दिमागों में फितूर !

पुर्तगाल का सनकी नाविक,
छोड़ सभी आराम,
करके पार समंदर पहले,
पहुंचा हिंदुस्तान !

कोलंबस का भी था प्यारे,
कैसा अजब सलीका,
चला ढूंढ़ने भारत था पर,
जा पहुंचा अमरीका !

कैप्टन कुक की बात निराली,
थकने का क्या काम,
अटक-भटक पहुंचे ऑस्ट्रेलिया,
कंगारू के धाम।

खुराफात भी क्या थी मन में,
हिम्मत का क्या दम,
नई-नई राहों पर बढ़ना,
हो सुख या हो गम।

तूफान-बवंडर-भंवर-आंधियां,
हों कितनी बाधाएं,
सचमुच हों धुन के जो पक्के,
कैसे वे रुक पाएं?

एच एम वी एल प्रकाशन अप्रैल 2013 ₹ 25

नंदन

कविता

ई-मेल

धूम जमाती रंग जमाती,
मन को भाती है ई-मेल
चुटकी भर में दौड़ी जाए,
इक पल में जवाब पहुंचाए,
कुरियर या स्पीडपोस्ट हो,
इसके आगे सब फेल!

चिट्ठी लंबी-चौड़ी जितनी
फाइलें साथ लगी हों कितनी,
बड़े-बड़े संदेशे ढोए
जैसे हो बच्चों का खेल!

बस, साइबर कैफे पर जाना
या ब्रॉडबैंड कनेक्शन लाना,
डाक-कुरियर के खर्चों को
अब क्यों सोनू-टिंकी झेल!

जगह-जगह के बच्चे आएं
तरह-तरह के मित्र बनाएं,
अपनी खुशियां सबसे बांटें
हो जाए दुनिया का मेल!

निशांत जैन 'निश्चल'

अनुक्रम

पहली बरसात

चुन्नू-मुन्नू देखो आई
मौसम की पहली बरसात,
गरमी से राहत देने को
लाई ठंडक का एहसास।

छतरी-रेनकोट लेकर ये
प्यारा सा मौसम आया,
गरम पकौड़ी खाने को है
मन सबका अब ललचाया।

टप-टप टपकें बूँदें जैसे
गिरते हों सच्चे मोती,
मानसून की ये बहार है
लाई खुशियों की थाती।

□

अमर उजाला, 30 जुलाई, 2002

शादी बंदर मामा की

चंपक वन से रिश्ता आया
प्यारे बंदर मामा का,
न्योता देते गला है सूखा
न्यारे बंदर मामा का।

अब तक तो बंदर मामाजी
कूदम-कूद मचाते थे,
धमा-चौकड़ी मचा-मचाकर
सबको खूब हँसाते थे।

लेकिन अब बंदर मामाजी
मामी के पीछे भागेंगे,
हम लोगों की न सुनकर
उनकी ही बातें मानेंगे।

नटखट बंदर मामा की
न रहा खुशी का कोई पार,
बैठे थे यूं कुंवारे अब तक
घोड़ी पर हैं आज सवार।

घोड़ी ने जो ऐंठ लगाई
उछले बंदर मामाजी,
सीधे कूद लगा चंपक वन
पहुँचे बंदर मामाजी।

□

नवभारत टाइम्स, 11 जुलाई, 2010

अजब-अनोखी दुनिया

अजब-अनोखी प्यारी दुनिया,
लगती सबसे न्यारी दुनिया,
इस दुनिया के खेल नवेले,
जीव-जंतु प्यारे अलबेले।

अजब-गजब हैं रंग धरा के,
कैसे खेल खिलाती है,
टीचर कहती गोल है दुनिया,
मुझको चपटी लगती है।

इस दुनिया में कैसे-कैसे,
पशु-पक्षी हैं भरे पड़े,
कोई छोटा कोई मोटा,
जाने कैसे रंग भरे।

लंबी गर्दन है जिराफ की,
ऐसी जैसे हो खंभा,
जंबो हाथी इतना भारी,
लेना मुश्किल है पंगा।

□

नवभारत टाइम्स, 14 दिसंबर, 2008

देखा मैंने प्यारा सर्कस

देखा मैंने जंबो हाथी
कूद रहे थे बंदर,
दिखा रहे थे खेल शेर और
झूम रहे थे जोकर।

जोकर ने फिर नाच-नाचकर
ऐसी कूद लगाई,
हो गई सिट्टी-पिट्टी गुम यों
जान गले में आई।

फिर जोकर ने ठुमक-ठुमककर
ऐसा खेल दिखाया,
मटक-मटक के लोट-पोटकर
हमको खूब हँसाया।

बंदर थे मनमौजी इतने
मचा रहे थे शोर,
कभी खड़े हो, कभी बैठकर
घूमें चारों ओर।

□

नंदन, अक्तूबर 2015

किताबें

अकेलेपन की सच्ची साथी, होती भाई किताबें,
ज्ञान का सागर घुमड़-घुमड़कर ढोती भाई किताबें।

सारी मुश्किल-सवाल सारे, पलभर में निपटाएँ,
हरपल-हरदम साथ निभाकर, सचमुच मन को भाएँ।

कहती मुझमें ही खो जाओ, करना नहीं बहाना,
अजब-अनोखी दुनिया का मैं, दूँगी नया खजाना।

जो कुछ भी तुम जान न पाते, सबका भेद बताऊँ,
बच्चों से लेकर बूढ़ों तक, सबका ज्ञान बढ़ाऊँ।

पर्वत-नदी-ध्रुव या मरुस्थल, छुपता न कुछ मुझसे,
ताजमहल-मीनार पीसा की, बचता न कुछ मुझसे।

सीखो मुझसे हिलना-मिलना, मुसकाना खिल जाना,
कोई कहे, किताबी कीड़ा, पर तुम न घबराना।

उनके लिए अंगूर हैं खट्टे, इसीलिए हैं कहते,
पढ़नेवाले बच्चे जग में सबसे आगे रहते।

□

बाल भारती, सितंबर 2006

चंदा मामा

चंदा मामा बड़े सयाने
मंद-मंद मुसकाते हैं,
जब भी देखो खड़े-खड़े
सुंदरता पर इठलाते हैं।

ये क्या चक्कर कभी तो तुम
होते हो पूरे बड़े-बड़े,
और कभी तुम छोड़ सितारे
हो जाते हो भाग खड़े।

घटते-बढ़ते रहते हो तुम
यह कैसा गड़बड़झाला,
बनते पतलू राम कभी तो
कभी बने मोटे लाला।

मामा हैं नटखट शरारती
इनके खेल निराले,
आज समझ में आया मुझको
मामा हैं मतवाले।

□

बालहंस, अगस्त (द्वितीय) 2006

ऊँट बड़े तुम ऊटपटाँग!

अजब-गजब आकार तुम्हारा
बालू ही संसार तुम्हारा,
कमर पे कूबड़ रखा हुआ है
दिया हो जैसे किसी ने टाँग।

भोली सूरत गैया जैसी
लंबी गरदन है जिराफ-सी,
कूँ-कूँ करते हो तुम बिल्कुल
जैसे मुर्गा देता बाँग।

लंबे-लंबे सफर नापते
पानी बिन न खड़े टापते,
रेत पे सरपट दौड़े जाते
भर के नन्ही सी छलाँग।

रेगिस्तानी तुम जहाज हो
मरुभूमि के महाराज हो,
कौन है सानी भला तुम्हारा
भारी बहुत तुम्हारी माँग।

□

दैनिक ट्रिब्यून, 8 अप्रैल, 2007

ई-मेल

धूम मचाती रंग जमाती,
मन को भाती है ई-मेल।

चुटकी भर में दौड़ी जाए
एक पल में जवाब पहुँचाए,
कुरियर या स्पीड पोस्ट हो
इसके आगे हैं सब फेल।

चिट्ठी लंबी-चौड़ी कितनी
फाइलें साथ लगी हों जितनी,
बड़े-बड़े संदेशे ढोए
जैसे हो बच्चों का खेल।

बस साइबर कैफे पर जाना
या ब्रॉडबैंड कनेक्शन लाना,
डाक-कुरियर के खर्चों को
अब क्यों मोनू-पिंकी झेल।

जगह-जगह के बच्चे आएँ
भाँति-भाँति के मित्र बनाएँ,
अपनी खुशियाँ सबसे बाँटें
हो जाए दुनिया का मेल।

□

नंदन, अप्रैल 2013

शान देश की मेट्रो रेल

इठलाती-बलखाती दौड़े
शान देश की मेट्रो रेल।

एक बार बैठे जो उसमें,
बैठा ना जाए फिर बस में,
ललचाए मन हर यात्री का,
हो जैसे जादुई खेल।

झूम-झूम बस दौड़ी जाए,
पलक झपकते ही पहुँचाए,
क्या शताब्दी और क्या राजधानी
इसके आगे हैं सब फेल।

ट्रैफिक का झंझट अब निपटा,
समय बचा और काम भी सिमटा,
सुविधा और तकनीकी का है,
नया-निराला अद्‌भुत मेल।

देख-देख हैं सब हैरान,
रेल में भी इतना आराम
कभी है ऊपर, कभी है नीचे
जैसे दिया किसी ने ठेल।

शोर मचाए बिना ये आए
धुआँ उड़ाए बिना ये जाए,
ध्वनि-वायु के प्रदूषणों को,
अब क्यों मोनू-पिंकी झेल?

□

पंजाब केसरी, 11 अप्रैल, 2007

कैसे वे रुक पाएँ?

समय-समय पर साहसियों ने
तोड़े हैं दस्तूर,
जाने कैसे भरे हुए थे
दिमागों में फितूर।

पुर्तगाल का सनकी नाविक
छोड़ सभी आराम,
करके पार समंदर पहले
पहुँचा हिंदुस्तान।

कोलंबस का भी था प्यारे
कैसा अजब सलीका,
चला ढूँढ़ने भारत था पर
जा पहुँचा अमरीका।

कैप्टन कुक की बात निराली
थकने का क्या काम,
अटक-भटक पहुँचे ऑस्ट्रेलिया
कंगारू के धाम।

खुराफात भी क्या थी मन में
हिम्मत का क्या दम,
नई-नई राहों पर बढ़ना
हो सुख या हो गम।

तूफान-बवंडर-भँवर-आँधियाँ
हों कितनी बाधाएँ,
सचमुच हों धुन के जो पक्के
कैसे वे रुक पाएँ।

☐

बाल भारती, फरवरी 2007

तितली रानी

गुनगुन करती तितली आई,
बच्चों के मन को है भाई।

टिंकू - टीना - टुनटुन - टिल्लू,
मिलकर सबने दौड़ लगाई।

लाख कोशिशें करने पर भी,
तितली रानी पकड़ न आई।

मदमाते - मुसकाते - मधुरिम,
फूलों पर लेती अँगड़ाई।

खुशबू की इतनी दीवानी,
मँडराती ही पड़े दिखाई।

मैडम! मुझको तितली रानी,
लगती शरमाई - सकुचाई।

□

दैनिक ट्रिब्यून, 5 नवंबर, 2006

रक्षाबंधन का त्यौहार

गीत खुशी के गाता आया,
रक्षाबंधन का त्यौहार

मौसम भी मदमस्त हुआ है,
रोना-धोना पस्त हुआ है,
संग-साथ लाया है अपने
सावन की मधुरिमा बहार!

भाई-बहन का प्यार अनूठा,
अमर सदा जो कभी न टूटा,
उसी नेह का उसी प्रेम का,
झूम-झूम करता संचार।

सपने पूरे साल सँजोए,
पर भैया थे खोए-खोए,
देखा तो राखी वाले दिन,
झोली भर लाए उपहार।

हो खटास कितनी भी मन में
सब मिट जाए बस कुछ क्षण में,
तोड़ के सारी दुःख की गाँठें,
जोड़े मन से मन के तार।

राखी न धागा न कतरन,
सच्चे प्यार का सच्चा बंधन,
नींव पे जिसकी टिका हुआ है,
रिश्तों का स्वर्णिम संसार।

हिंदू-मुसलिम-सिक्ख-ईसाई
सब बहनों को प्यारे भाई,
मिलकर आएँ, सभी मनाएँ,
होगा तभी पर्व साकार।

जंगल में क्रिकेट

जंगल में भी फैल रहा था सचमुच क्रिकेट बुखार,
लोमड़-हाथी-भालू-बिल्ली, सब पर चढ़ा खुमार।

जंबो हाथी अंपायर थे, चेहरे थे सब खिलते,
छक्का लगने पर जब जंबो, खड़े-खड़े थे हिलते।

लोमड़ ने तरकीब निकाली, खोजी अद्भुत चाल,
बना दिया कीपर भालू को, कैसे निकले बॉल।

देख मैच राजा के भीतर जागा जोश अनोखा,
छीन बैट अड़ गए क्रीज पर, दिया सभी को धोखा।

किसकी हिम्मत इतनी, जो राजा को आउट कराए,
उड़ा के गिल्ली शेरसिंह को पवेलियन पहुँचाए।

शेरसिंह ने मजे-मजे में छक्के खूब जमाए,
डबल सेंचुरी जमा के भैया, सबके होश उड़ाए।

बोला बंदर बॉल मुझे दो, इसकी ऐसी-तैसी,
राजा होगा राजनीति में, यहाँ हेकड़ी कैसी?

बंदर ने जो स्विंग कराकर, बॉल एक बार घुमाई,
विकेट के पीछे तीन गिल्लियाँ, अलग ही नजर आईं।

बल्लू बंदर की हिम्मत की देनी होगी दाद,
शेरसिंह को सबक सिखाके दिलाई नानी याद।

□

नवभारत टाइम्स, 11 अप्रैल, 2010

मोबाइल का कमाल

बोले बच्चे चीज है ये
मोबाइल बड़ी कमाल।

हों पहाड़ पर या जंगल में,
धरती पर हों या अंबर में,
चुटकी भर में बात कराए,
कैसा किसका हाल।

मम्मी के मन चिंता छाई,
बबली अब तक क्यों न आई,
फोन मिलाया एक मिनट में,
बिन पिचकाए गाल।

चिट्ठी के दिन जब से बीते,
दादाजी थे रीते-रीते,
अब मोबाइल पर मैसेज से,
करते रोज धमाल।

चलते-फिरते बात करें हम,
लेटे-बैठे याद करें हम,
मम्मी बोली, देखो जी अब
इन बच्चों की चाल।

रेल में हों या कोई रैला,
तार-वार का नहीं झमेला,
नए दौर की पीढ़ी से है,
बैठी इसकी ताल।

□

अमर उजाला, 13 अक्तूबर, 2007

बूँद प्यार की बस उड़ेलती,
आँगन की फुलवारी माँ।

खेल-खेल में मुन्नू की है,
बनती रोज सवारी माँ।

मुश्किल चाहे झंझट कितने,
गाती राग मल्हारी माँ।

बिन नागा के सुबह-सवेरे,
देती रोज बुहारी माँ।

थककर भी एक शिकन न लाए,
जादू भरी पिटारी माँ।

मुश्किल बिन माँ के एक पल भी,
सचमुच जग से न्यारी माँ।

जग सारा हो एक तरफ पर,
एक अकेली भारी माँ।

□

दैनिक ट्रिब्यून, 26 नवंबर, 2006

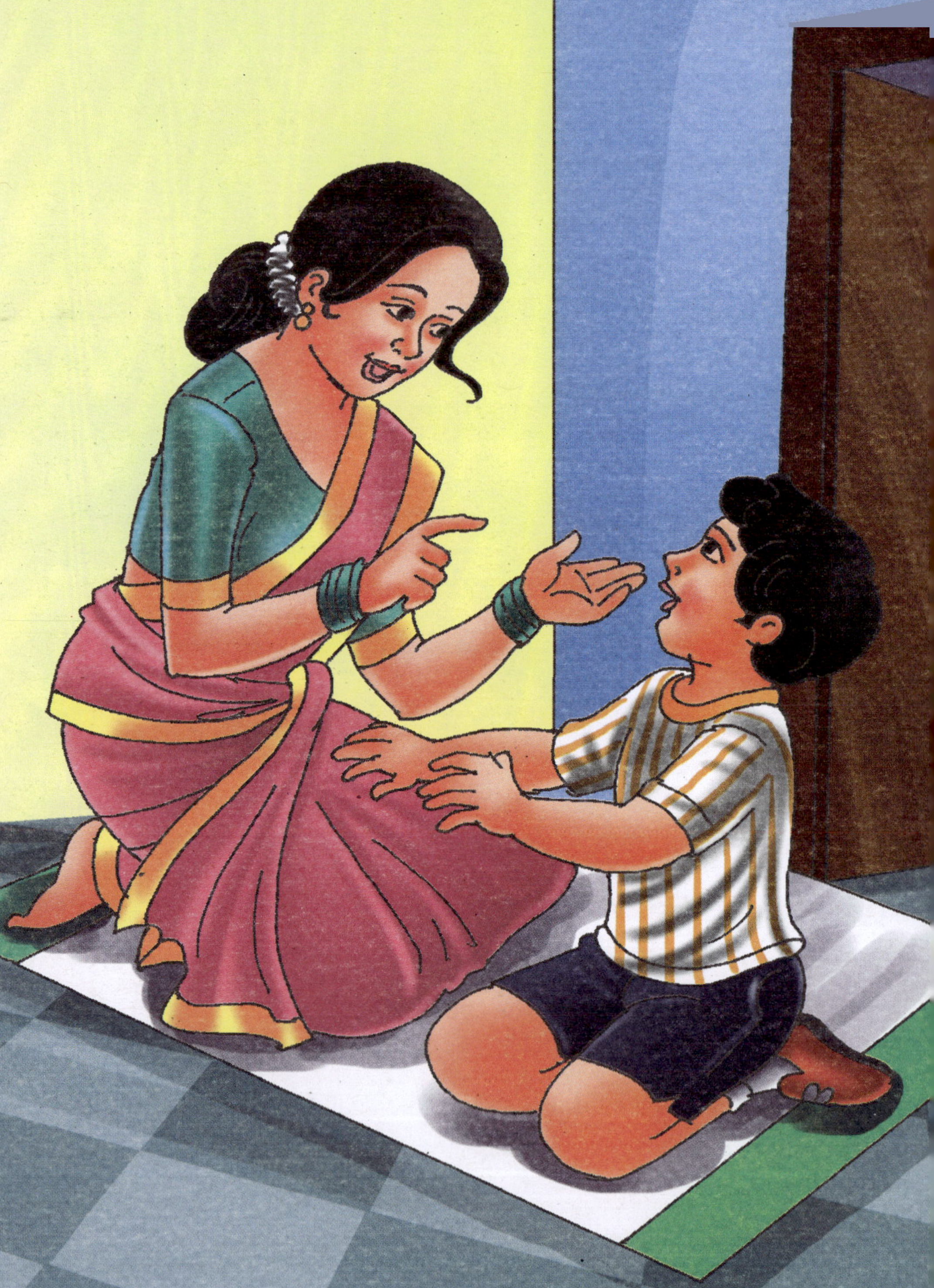

स्वागत है नए साल!

नई उमंग लिये आए प्रिय,
स्वागत है नए साल।

भूलें दुःख, बिसरें सारे गम,
हँसी-खुशी का साथ हो हरदम
चिंताएँ दें टाल!

मन की झोली में भर लें हम
ठंडी-मीठी हवा का मौसम,
हो मतवाली चाल!

गीत नए अंदाज नया हो
लहर नई अहसास नया हो,
सुरमय हों लय-ताल!

बैर-लड़ाई मिट जाएँ सब
झगड़े-रगड़े पिट जाएँ सब,
कटें द्वेष के जाल!

लें संकल्प प्रेम का सबसे
कर्म मंत्र अपनाएँ अब से,
होंगे तभी निहाल!

नई चमक हो देश में अपने
सच हो जाएँ सारे सपने,
झुके न अपना भाल!

खिल जाएँ मुरझाए चेहरे
ज्यों हों सुरभित पुष्प सुनहरे,
हो बस यही कमाल!

☐

रेल

छुक-छुक करती आती रेल,
सबके मन को भाती रेल।

गार्ड ने झंडी हरी दिखाई,
रेल ने जब रफ्तार बनाई।

लगता जैसे भागते पेड़,
कहते मुझको न तू छेड़।

हवा से करती बातें रेल,
मन को खूब लगाती रेल।

सूरज कहता जाऊँ मैं,
पास न तेरे आऊँ मैं।

चाचू सूरज नाराज हैं,
थोड़े तुनकमिजाज हैं।

सरपट दौड़ी जाए रेल,
कैसे खेल दिखाए रेल।

नदी-पहाड़ हैं बड़े-बड़े,
कभी न हिलते अड़े-खड़े।

इतने यात्री ठसे पड़े,
ऊपर भी कुछ चढ़े-खड़े।

कितने यात्री ढोए रेल,
कुछ न फिर भी बोले रेल।

अगला स्टेशन ज्यों आया,
रेल ने पों-पों राग बजाया।

समझा मैं अब आया घर,
उतरें हम सब जल्दी कर।

सबको गले लगाती रेल,
थकती न अलसाती रेल।

□

गरमी की सौगात

गरमी की भी भैया सचमुच अजब-गजब है बात,
हँसी-खुशी की, मौज-मजे की, लाई है सौगात।

मोटी-मोटी पोथी-पत्री से मुक्ति है,
मार-पिटाई फटकारों से अब छुट्टी है,
फिरें गली-कूचे में बच्चे बिल्कुल खाली हाथ।

टंटे-झगड़े-रगड़े-झंझट सब निपटे हैं,
छुटकू-बड़कू-लड़कू खुशियों से लिपटे हैं,
कुल्फी-चुस्की लगी चूसने मोहल्लों की जमात।

खाने-पीने के शौकीनों की है आई मौज,
आम ही नहीं संग है लाई फलों की लंबी फौज,
खीरा-खरबूजा-तरबूजा, लाई ककड़ी साथ।

चाहे जितना खेलें-कूदें मरजी अपनी,
हसरत पूरी कर लें सारी दिल की अपनी,
पना और शिकंजी पीकर, दें गरमी को मात।

साल-साल भर इंतजार इसका करते हैं,
हो न जाए खतम ये मौसम बस डरते हैं,
पापा चलो पहाड़ जल्द, आ जाएगी बरसात।

□

ईद

मुसलमान हो या हिंदू हों,
ईद सभी का है त्यौहार।

मिलकर सबको गले लगाएँ
भूल बैर बस झूमें-गाएँ,
आओ सुखविंदर-रोहित-क्रिस
आओ कविता और रुखसार।

गरम पकौड़े और पकवान
गजब जायके के सामान,
देख सिवइयाँ ललचाए हैं,
बच्चे आदत से लाचार।

'ईदी' दी अब्बा ने मुझको
कहा बाँट दो सबमें इसको,
झूलें झूला संग-साथ सब
नहीं खुशी का पारावार।

रोजों में जो गुण हैं सीखें
क्यों न उनको आगे खींचें,
बेमतलब की बात भूलकर
करें द्वेष का बंटाधार।

हिंदू-मुसलिम भाई-भाई
ईद यही संदेशा लाई,
जीने का मतलब सिखलाती
तोड़े मजहब की दीवार।

□

होली का त्यौहार

हिलता-खिलता-मिलता-जुलता,
आया होली का त्यौहार।

नाचे तन-मन, नाचे जीवन
नाचे आँगन, नाचे उपवन,
रंग-बिरंगी ओढ़ चदरिया
धरती लाई नई बहार।

टेसू महके, चहके पंछी
धुन में अपनी हंस-हंसिनी,
चोंच मिलाकर करें ठिठोली
करें सवेरे का सत्कार।

अंबर चला बाँध के सेहरा
लिये संग तारों का पहरा,
लगता मानो धरा-वधू की
डोली लेने आए कहार!

शीत बीत दिन हुए सुहाने
कुनमुनी धूप लगी मस्ताने,
हँसी-खुशी की, खेल-मेल की
राग-रंग की लगी है धार।

ऊँच-नीच क्या, बैर-खार क्या
छोट-बड़न क्या, जात-पाँत क्या,
भेद मिटा गोरे-काले का
दसों दिशा में उमड़ा प्यार।

झगड़े-झंझट और झमेले
छोड़, भुला दो बैर कसैले,
फागुन की मदमस्त बयारें
आई हैं करने मनुहार।

□

उमड़-घुमड़कर बरखा आई

काली घोर घटा है छाई,
उमड़-घुमड़कर बरखा आई।

भर गगरी जल बादल लाए
धीमे-धीमे से मुसकाए,
बहे मलय के छोर से प्यारी
मंद-मंद मीठी पुरवाई।

फूलों में है नई ताजगी
खुशबू में है नई सादगी,
पत्तों पर जब बूँद चमकती
सचमुच मोती पड़ें दिखाई।

बरखा रानी बड़ी सयानी
हँसमुख चंचल सी मस्तानी,
आती हो बस बादल के संग
हुई ज्यों उसके साथ सगाई।

राहुल-रोहन चले नहाने
नई फुहार का मजा उठाने,
जाओगे तो गिर जाओगे
यों चिल्लाकर बोली ताई।

चेहरों पर है चमक निराली
मुसकानें खेलें मतवाली,
मस्ती में झूमें सब ऐसे
ज्यों दीवाली-ईद मनाई।

□

सर्दी दीदी फिर न आना!

कान पकड़ते हैं बच्चे सब,
सर्दी दीदी फिर ना आना।

छोड़ काम घर में सब दुबके
भूल खेल बच्चे हैं छुपके,
गली-मोहल्ले की सड़कों पर
सन्नाटा छाया वीराना।

पेंसिल छूटे अब हाथों से
कोहरा निकले अब साँसों से,
सच पूछो तो बच्चों का है
ना पढ़ने का नया बहाना।

सर्दी तुम कितनी बेदर्दी
अब तो सचमुच हद ही कर दी,
अंग जमाए तन के सारे
बहुत हुआ छोड़ो भी सताना।

सूरज से दुश्मनी तुम्हारी
हाथापाई - मारामारी,
कुछ गुस्सा कम करो अगर तुम
हो जाए मौसम मस्ताना।

कोहरा-पाला-ओस गिराए
फिर भी चैन तुम्हें न आए,
हाथ जोड़ करते हैं विनती
बंद करो यह खेल दिखाना।

□

राष्ट्र आज उनकी जय बोल!

मिटे प्राण की बलि चढ़ाकर,
डटे राष्ट्र की पूजा गाकर,
जिनकी रक्त लालिमा से है,
पाई आज़ादी अनमोल!

खुली हवा में साँस मिली है,
खुशहाली की आस मिली है,
वंदन उनका करने को तू
हृदयों के दरवाजे खोल!

जाति-धर्म के तोड़ें बंधन,
भूल भेद महके ज्यों चंदन,
उनसे तुलना करके अपनी,
खुद से उनका जज्बा तोल!

शपथ आज उनकी हम खाएँ,
सपने उनके फिर चमकाएँ,
भेदभाव के कड़वे रस को,
प्रेम-चाशनी में तू घोल!

त्याग सदा वह अमर रहेगा,
शौर्य सदा वह अजर रहेगा,
वीर शहीदों की देनों का,
कौन चुका सकता है मोल?

बेटी बचाओ, बेटी पढ़ाओ!

बेटी से रोशन ये आँगन
बेटी से ही अपनी पहचान,
हर लम्हे में खुशी घोलती
बेटी से ही अपनी शान।

शिक्षा - स्वास्थ्य - रोजगार
विज्ञान हो या संचार,
तेरी काबिलियत के आगे
नतमस्तक सारा संसार।

गाँव-शहर-कस्बों में बेटी
पढ़ती - बढ़ती जाए,
नई चेतना से आओ अब
अपना देश जगाएँ।

धूमधाम से जन्में बेटियाँ
पढ़कर ऊँचा कर दें नाम,
आओ बेटियों के सपनों में
भर दें मिलकर नई उड़ान।

□

जिला मजिस्ट्रेट, केन्द्रीय जिला, दिल्ली द्वारा वर्ष 2016 में जनहित में जारी

मुर्गे का घमंड

मुर्गा बोला यूँ मुर्गी से
हूँ मैं सबसे हटकर,
जंगल सारा जाग उठे जब
देता बाँग मैं डटकर।

कलगी मेरी जग से सुंदर
चाल मेरी मस्तानी,
उड़ न सकूँ भले जीवन भर
हार कभी न मानी।

मुर्गी बोली फिर मुर्गे से
बस छोड़ो इतराना,
अपने मुँह मियाँ मिट्ठू बन
अपनी - अपनी गाना।

करके देखो एक दिन ऐसा
मत देना तुम बाँग,
मानूँ तुम्हें मैं तीसमार खाँ
रुका रहे जो चाँद।

□

दैनिक जनवाणी, 8 अप्रैल, 2012

पढ़ें-पढ़ाएँ

आओ मिल सब पढ़ें-पढ़ाएँ,
घर-घर ज्ञान का दीप जलाएँ।

जब से सीखा हमने पढ़ना,
चाहे मन पंछी-सा उड़ना,
बच्चे-बूढ़े सब चिट्ठी से,
मन की बात लिखें-पहुँचाएँ।

अंधकार-अज्ञान मिटेगा,
ज्ञान का सूरज नया खिलेगा,
इसी आस में अरमानों के,
बगिया में हैं फूल खिलाए।

जागे अपने हित की खातिर
जाएँगे दुखड़े सारे फिर,
नाम लिखें सबके सब अपना,
अँगूठा न कोई लगाए।

हो संकल्प हमारा अब से,
प्रेमभाव रखेंगे सबसे,
समझें जिम्मेदारी अपनी,
दूजों को भी संग सिखाएँ।

□

काका कलाम

भारत के हर बच्चे के हैं,
दिल में बसते काका कलाम!

सकारात्मक ऊर्जा भरते
हो बाधाएँ कभी न डरते,
बड़े निराले बाल हैं उनके
बड़े निराले उनके काम।

सपने पूरे होंगे तब
मिल-जुलकर हम रहेंगे जब,
जितने प्यारे पैगंबर हैं
उतने प्यारे हमको राम।

सोच बड़ी और स्वप्न नया
भारत को वह 'विजन' दिया,
जुड़ जाए विज्ञान धर्म से
हो जाए जग का कल्याण।

गाँव-गाँव पहुँचें सुविधाएँ
हर व्यक्ति शिक्षित हो जाए,
महाशक्ति भारत बन जाए
दुनिया में हो जाए नाम!

□

धन्य-धन्य हे दो अक्तूबर!

गांधी-शास्त्री के गुण गाते,
धन्य-धन्य हे दो अक्तूबर!

बापू की तुम याद दिलाते,
सत्य-अहिंसा तुम समझाते,
प्रेम का सागर देते हो भर!

लाल बहादुर सीधे-सादे,
ठाने पर मजबूत इरादे,
उनकी यादों की तुम गागर।

सबका दु:ख अपना दु:ख मानें,
एक-दूजे के भले की ठानें,
इसी प्रेरणा के तुम सागर!

देश की खातिर मिट जाएँ हम,
राष्ट्र-उदय को जुट जाएँ हम,
इसी भाव से भर दो हर घर!

इंतजार में रहते हम सब,
नए वर्ष आओगे तुम कब,
आते जब लेते बुराई हर!

हुए जरूरी देश की खातिर,
बापू के आदर्श आज फिर,
अपनाएँ सब शीश झुकाकर!

राष्ट्रपिता के शौर्य की जय हो,
शास्त्रीजी के धैर्य की जय हो,
इन नारों से गूँजे अंबर!

□

मेरा नया दोस्त फेसबुक!

किए नए फोटो 'अपलोड',
कितने 'लाइक' मिलते रोज,
होती है मन में धुक-धुक,
मेरा नया दोस्त फेसबुक।

शेयर करेंगे मन की बात,
मिले 'कमेंट' भी हाथों हाथ
प्रोफाइल का नया है लुक।

स्कूल की मिलती 'अपडेट'
क्या कर रहे नया क्लासमेट
पीछे रहने की क्या तुक!

चेतन भगत या ओबामा,
सचिन हो या फिर हो साइना,
सबको बना 'फ्रेंड' न रुक।

नए-पुराने दोस्त मिले,
बचपन के सब रंग खिले,
नए 'फेस' हैं, नई है 'बुक'।

चेहरों की है एक किताब,
सबका पूरा रखे हिसाब,
रिश्ता है थोड़ा नाजुक।
मेरा नया दोस्त फेसबुक!

□

अपना रिक्शेवाला

रुकता न थकता है कभी, न काम से जी वो चुराए,
मन में हरदम गूँज लगन की, गाने श्रम के गाए।

उठते हम जब सोते-जगते, आलस में ही रहते,
लेने हमें पहुँचता हरदम, मोनू-पिंकी कहते।

सवारियों को ढोकर आए, चाहे जितना पसीना,
चिल्ले का जाड़ा हो या हो, जालिम जेठ महीना।

दुःख-सुख जीवन दो पहिए, जाने मन से बात,
हँसता-खिलता चलता जाए, दिन हो या हो रात।

मन में न एक पल भी निराशा, रहता मगन हमेशा,
आशाओं के फूल खिला लो, देता यही संदेशा।

□

फूलों का राजा

अगर होता मैं फूलों का राजा!

कमल-गुलाब-गेंदा-कनेर
मानते सब कहना मेरा,
महकाता मैं हर बगिया को
होता खुशबू का डेरा।

फूलों के आसन पे बैठ मैं
अपना हुकुम चलाता,
फूल तोड़नेवाले को मैं
कड़ी सजा दिलवाता।

दुनिया के कोने-कोने से
बदबू दूर भगाता,
चाँद-तारों से घुल-मिलकर मैं
बातें खूब बनाता।

□□□